製作年代を考察出来る鍋島

盛期から終焉まで

小木一良

創樹社美術出版

まえがき

鍋島は藩窯作品であり、その製作過程、製作年代などは明らかな面が多いだろうと思われやすいが、実態はまさに逆である。

盛期と云われる作品類で、製作年代をほぼ確認出来る伝世品としては、従来、僅かに享保時代作の色絵、染付、青磁作品、各一点づつのみしか私は知らない。

製作年代の判る作品類が余りにも少ないため、客観性のある製作年代編年は全く無理の状態が続いてきた。

こうした中で、平成十七年は思いもかけない大きな幸運に恵まれた。

消費地遺跡出土品で、その廃棄年代が明確なもの、ある期間内と判るものなどが三件、発掘調査が行われ、数点の盛期鍋島作品が見出された。

即ち、廃棄年代が一六七五〜八九年（延宝三年〜元禄二年）の間とされる「台東区向柳原町遺跡出土品」「東京大学本郷構内遺跡、天和二年被災出土品」「東京大学本郷構内遺跡、享保十五年又は元文三年被災出土品」である。

これら出土の鍋島陶片は廃棄年代が固定、又は一定期間内であることと、幸いにもいずれも廃棄年代と製作年代の開きがそれほど大きいものではないと考えられるものであったため、ほぼ正確な製作年代考察が可能と期待出来るものであった。

更に、これらの出土品類は同類伝世品が存在しているもの、類似品があるものや、その文様、造形などに強い特徴を持っているため、共通する作ぶりの伝世品を検索する上で好都合のものであった。

又、このうち二つの遺跡出土品は延宝時代を中心とする年代の作と考えられたことは、従来、最も重要でありながら不鮮明であった年代部分の解明であり大きな喜びであった。

本書はこれらの発掘調査による出土陶片類とその同類、類似伝世品類の編年を出来るだけ主観に陥らぬよう注意して構成したつもりである。しかし、個人の判断であり、妥当性を欠く点もあるかもしれない。

この点、読者諸氏の御寛恕をお願いすると共に多くの方々の御考察をお願いしたい。

本書が盛期鍋島作品の編年考察の上で一助になることを願っている。

次に、元文時代（一七三六～）以降、後期作品類については、製作年代を考察出来る作品類はいろいろ見出されており、概要は前著「鍋島・後期の作風を観る」と同IIに記している。重複することになるが本書では重要時点と思われる年代の作品について少し掲げている。

盛期から通観して、鍋島作品の変遷の一端が伺えれば幸である。

なお、東京大学本郷構内遺跡の出土品資料類は現在未発表であるが、東京大学埋蔵文化財調査室の特別の御配慮により本書発表の許可をいただいた。同調査室に厚くお礼申し上げます。

製作年代を考察出来る鍋島

―盛期から終焉まで―

目次

製作年代を考察出来る鍋島　―盛期から終焉まで―

まえがき……1
目　次……4
年　表……6

図版と解説

盛期鍋島作品

(Ⅰ)寛文後半期～延宝前半期（一六六七～七七）作品……7
〔1〕平戸藩松浦氏「台東区向柳原町遺跡」出土品……7
〔2〕製作年代の考察……7
〔3〕作品の特徴……9
(Ⅱ)天和二年以前延宝時代（一六七三～八二）作品……40
〔1〕「東京大学本郷構内遺跡」天和二年被災の陶片、及び類似するほぼ同文伝世品類……40
〔2〕製作年代の考察……40
〔3〕作品の特徴……41
(Ⅲ)宝永時代～元文三年（一七〇四～三八）作品……58
〔1〕享保十五年（一七三〇）又は、元文三年（一七三八）被災の「東京大学本郷構内遺跡」出土品、同一伝世品と類似作品、製作年代……58
〔2〕享保銘箱入「色絵松竹梅文中皿」の作風……59

後期鍋島作品

(Ⅳ)元文時代(一七三六～四一)頃、推考品……65
(Ⅴ)宝暦時代(一七五一～六四)頃の作品……69
(Ⅵ)安永時代(一七七二～八一)頃の作品……73
(Ⅶ)寛政時代(一七八九～一八〇一)頃の作品……78
(Ⅷ)文化時代(一八〇四～一八)頃の作品……80
(Ⅸ)十九世紀、文政時代以降(一八一八～)の作品……82
文政十三年銘箱入「竹垣菊花文蓋碗」　天保十四年銘箱入「青磁獅子形香炉」
弘化三年銘箱入「草花文大猪口」　嘉永五年銘「桃花果実文大皿」
嘉永六年銘下絵図「双鳳凰文小皿」　万延元年銘箱入「青磁折縁大深皿」
文久三年銘箱入「青磁木瓜形小皿」　文久三年銘箱入「色絵万年青文小皿」
慶応二年銘箱入「扇面植物文大皿」他。

論考

〔1〕寛文後半期～延宝前半期作品（一六六七～七七）……94
〔2〕延宝後半期作品（一六七七～八一）……94
〔3〕延宝時代通観（一六七三～八一）……95
〔4〕宝永元年～元文三年作品（一七〇四～三八）……95
〔5〕後期作品類……96
〔6〕先学の報告……96
あとがき……99

江戸時代、寛文以降年表

西暦	干支	年号
1661	辛丑	寛文
1662	壬寅	2
1663	癸卯	3
1664	甲辰	4
1665	乙巳	5
1666	丙午	6
1667	丁未	7
1668	戊申	8
1669	己酉	9
1670	庚戌	10
1671	辛亥	11
1672	壬子	12
1673	癸丑	延宝
1674	甲寅	2
1675	乙卯	3
1676	丙辰	4
1677	丁巳	5
1678	戊午	6
1679	己未	7
1680	庚申	8
1681	辛酉	天和
1682	壬戌	2
1683	癸亥	3
1684	甲子	貞享
1685	乙丑	2
1686	丙寅	3
1687	丁卯	4
1688	戊辰	元禄
1689	己巳	2
1690	庚午	3
1691	辛未	4
1692	壬申	5
1693	癸酉	6
1694	甲戌	7
1695	乙亥	8
1696	丙子	9
1697	丁丑	10
1698	戊寅	11
1699	己卯	12
1700	庚辰	13
1701	辛巳	14
1702	壬午	15
1703	癸未	16
1704	甲申	宝永
1705	乙酉	2
1706	丙戌	3
1707	丁亥	4
1708	戊子	5
1709	己丑	6
1710	庚寅	7
1711	辛卯	正徳
1712	壬辰	2
1713	癸巳	3

西暦	干支	年号
1714	甲午	4
1715	乙未	5
1716	丙申	享保
1717	丁酉	2
1718	戊戌	3
1719	己亥	4
1720	庚子	5
1721	辛丑	6
1722	壬寅	7
1723	癸卯	8
1724	甲辰	9
1725	乙巳	10
1726	丙午	11
1727	丁未	12
1728	戊申	13
1729	己酉	14
1730	庚戌	15
1731	辛亥	16
1732	壬子	17
1733	癸丑	18
1734	甲寅	19
1735	乙卯	20
1736	丙辰	元文
1737	丁巳	2
1738	戊午	3
1739	己未	4
1740	庚申	5
1741	辛酉	寛保
1742	壬戌	2
1743	癸亥	3
1744	甲子	延享
1745	乙丑	2
1746	丙寅	3
1747	丁卯	4
1748	戊辰	寛延
1749	己巳	2
1750	庚午	3
1751	辛未	宝暦
1752	壬申	2
1753	癸酉	3
1754	甲戌	4
1755	乙亥	5
1756	丙子	6
1757	丁丑	7
1758	戊寅	8
1759	己卯	9
1760	庚辰	10
1761	辛巳	11
1762	壬午	12
1763	癸未	13
1764	甲申	明和
1765	乙酉	2
1766	丙戌	3

西暦	干支	年号
1767	丁亥	4
1768	戊子	5
1769	己丑	6
1770	庚寅	7
1771	辛卯	8
1772	壬辰	安永
1773	癸巳	2
1774	甲午	3
1775	乙未	4
1776	丙申	5
1777	丁酉	6
1778	戊戌	7
1779	己亥	8
1780	庚子	9
1781	辛丑	天明
1782	壬寅	2
1783	癸卯	3
1784	甲辰	4
1785	乙巳	5
1786	丙午	6
1787	丁未	7
1788	戊申	8
1789	己酉	寛政
1790	庚戌	2
1791	辛亥	3
1792	壬子	4
1793	癸丑	5
1794	甲寅	6
1795	乙卯	7
1796	丙辰	8
1797	丁巳	9
1798	戊午	10
1799	己未	11
1800	庚申	12
1801	辛酉	享和
1802	壬戌	2
1803	癸亥	3
1804	甲子	文化
1805	乙丑	2
1806	丙寅	3
1807	丁卯	4
1808	戊辰	5
1809	己巳	6
1810	庚午	7
1811	辛未	8
1812	壬申	9
1813	癸酉	10
1814	甲戌	11
1815	乙亥	12
1816	丙子	13
1817	丁丑	14
1818	戊寅	文政
1819	己卯	2

西暦	干支	年号
1820	庚辰	3
1821	辛巳	4
1822	壬午	5
1823	癸未	6
1824	甲申	7
1825	乙酉	8
1826	丙戌	9
1827	丁亥	10
1828	戊子	11
1829	己丑	12
1830	庚寅	天保
1831	辛卯	2
1832	壬辰	3
1833	癸巳	4
1834	甲午	5
1835	乙未	6
1836	丙申	7
1837	丁酉	8
1838	戊戌	9
1839	己亥	10
1840	庚子	11
1841	辛丑	12
1842	壬寅	13
1843	癸卯	14
1844	甲辰	弘化
1845	乙巳	2
1846	丙午	3
1847	丁未	4
1848	戊申	嘉永
1849	己酉	2
1850	庚戌	3
1851	辛亥	4
1852	壬子	5
1853	癸丑	6
1854	甲寅	安政
1855	乙卯	2
1856	丙辰	3
1857	丁巳	4
1858	戊午	5
1859	己未	6
1860	庚申	万延
1861	辛酉	文久
1862	壬戌	2
1863	癸亥	3
1864	甲子	元治
1865	乙丑	慶応
1866	丙寅	2
1867	丁卯	3
1868	戊辰	明治
1869	己巳	2
1870	庚午	3
1871	辛未	4
1872	壬申	5

図版と解説

盛期鍋島作品

(I)寛文後半期〜延宝前半期（一六六七〜七七）作品

挿図① 上：七宝無結び紐文
② 下：七宝紐つなぎ文（通例品）

〔1〕平戸藩松浦氏「台東区向柳原町遺跡」出土品

平戸藩松浦氏（六一，〇〇〇石）は幕藩体制下、浅草向柳原町（東京都台東区）に屋敷を構えていた。

最近、その発掘調査が行われ、平成十七年七月報告書「台東区向柳原町遺跡」（以下「向柳原町遺跡」と記す）が刊行された（注1）。

報告書中、屋敷内の「石垣状護岸石組」は改修が行われており、その時期は一六七五〜八九年（延宝三年〜元禄二年）の間とされている。この石垣状護岸の設置に当り、基盤層の上に中国磁器、肥前系磁器など大量に敷き詰めた層が検出された。その中に、藍鍋島、本文写真(1)（以下数字のみ記す）「紗綾形文桃果形小皿」と(2)「松文小皿」が含まれていた。

前者は紗綾形文を墨弾きで描き、桃果形に形どり頭部に花と葉を添えている小皿である。紗綾形文は実に緻密で美しく、造形も正確である。松文小皿は少し変った形の松文を図案的に美しく描いており、前者と共に盛期鍋島の中でも傑出した作ぶりである。

二点共、裏側面には結び目の無い紐が七宝につながれている文様である。通例の「七宝紐つなぎ文」とは紐の状態が異なり結び目がないので、本書では「七宝無結び紐文」と表現しよう。文字では説明が難しいので、挿図①②に両者をあげている。参照いただきたい。

〔2〕製作年代の考察

この出土陶片は廃棄年代が延宝三年から元禄二年の十五年の間である。

廃棄年代に基き、その製作年代を考える上で、なるべく考え易くするために廃棄年代を上限時点、延宝三年（一六七五）、中間時点、天和二年（一六八二）、下限時点、元禄二年（一六八九）の三時点をとり、出土品の製作から廃棄までの伝世期間を十年と仮定してみると、その製作年代は次の通りとなる。

挿図③ 色絵長春薔薇文皿

（１）製作上限年代　寛文五年（一六六五）
（２）製作中間年代　寛文十二年（一六七二）
（３）製作下限年代　延宝七年（一六七九）

出土品の伝世期間を十年とみることに問題は残るが、この点は暫くおいて、まず下限年代の考察を行いたい。それには貴重な有力資料がある。「東京大学本郷構内遺跡」（注２）より、天和二年（一六八二）被災の(31)「唐花七宝つなぎ文陶片」が出土している。又、これと殆ど一致する伝世品(32)「唐花七宝つなぎ文向付」が見出されている。詳細は後項(II)「天和二年以前延宝時代（一六七三〜八一）作品」〔1〕を参照いただきたい。

この出土陶片の理論的製作年代下限値は天和二年であるが、実際は伝世期間があるので、その分早い年代となる。延宝後半期と考えられる。

さて、この出土陶片、及びその同類伝世品(32)「唐花七宝つなぎ文向付」と、向柳原町遺跡出土品(1)「紗綾形文桃果形小皿」、(2)「松文小皿」と対比してみると、文様描法、造形などの作ぶりからみて、明らかに向柳原町遺跡出土品の方がかなり早い年代の作と思われる。

従って、その製作下限年代は東京大学本郷構内遺跡出土品と同年代頃まで下がる可能性はなく、下限年代は延宝半頃までを考えれば十分で、それ以上下がることは無いと云うことである。

次に製作上限年代を考察したい。前記の通り、伝世期間を十年と仮定すると廃棄上限、中間時点でみて、製作年代は寛文五年、同十二年である。又、伝世期間を五年としてみても上限時点のそれは寛文十年である。又、伝世期間が十年を超えている可能性も考えなければならない。こうした諸点からみると、正確な製作年代は判りにくいが、諸種観点からみて上限年代を延宝時代内に限定することは無理で寛文時代を含めて考えねばならないことは明らかである。一応、上限年代を寛文の中間時点、寛文七年（一六六七）頃までは考えたい。正確な判断は将来、有力な新資料の発見に希望を持ちたい。なお、皿裏側面に「七宝無結び紐文」を配した伝世品類はいろ

	品　名	1㎠当り重量	比　率
標準品	色絵長春薔薇文皿	1.29	
	色絵立田川文皿	1.28	
	上２点平均	1.285	100%
検討品	色絵唐花つなぎ文小皿	1.38	
	竹文小皿	1.40	
	桐竹文小皿	1.41	
	上３点平均	1.40	110.9%

挿図⑤ 表面積1㎠当り重量対比表（グラム）

挿図④ 色絵立田川文皿

いろあり、本書に二十六点を掲げている。いずれも出土陶片と同年代作と考えられる。これら作品の中に製作年代を考えやすい作品が存在している可能性もあると思われるので、後記の器物各項を参照いただきたい。以上の考察に基づき、向柳原町遺跡出土の(1)「紗綾形文桃果形小皿」(2)「松文小皿」の製作年代は上限が寛文半（七年）頃から下限は延宝半（五年）頃までの間と私考している。

〔3〕作品の特徴

出土品の最大の特徴は皿裏側面に描かれている「七宝無結び紐文」である。次に、後掲の同裏側面文様をもつ伝世品類も含めて造形がやや分厚く、重量も幾分重い。重量については少し数字的に検討してみた。

盛期鍋島の中で、標準的作品として「色絵長春薔薇文皿」「色絵立田川文皿」（挿図③④）二点の五寸皿を選んだ。次に検討品としては(16)「色絵唐花つなぎ文小皿」(23)「竹文小皿」(24)「桐竹文小皿」の五寸皿三点を選定した。

測定方法は各皿の重量を測定し、これをその皿の表面積で割り、表面積一平方糎当たりの重量を量ってみた。測定結果は挿図⑤に示す通りである。検討品三点平均の重量は標準品二点の平均より〇・一一グラム、一〇・九パーセント重いことが判った。

さて、「七宝無結び紐文」を裏側面に配した作品類は古鍋島から盛期作風品への転換期頃の作品と考えられるが、殆ど例外なく重量は重い。

しかし、これは古鍋島皿が全般的に重く、盛期に向かうにつれ軽くなると云うことではない。古鍋島にも軽い作品は多数存在している。

皿裏側面に「七宝無結び紐文」を描き、重量が標準的盛期作品より十一パーセント程度重い皿類の作風は一時期、寛文後年から延宝前半期頃の独得の作風であったと考えられる。非常に興味深い一群である。

(1) 紗綾形地文桃果形小皿出土品

(2) 松文変形小皿出土品　　(1)(2)共　東京都埋蔵文化財センター蔵

(1) 紗綾形地文桃果形小皿出土品

(1)(2)は「向柳原町遺跡」出土品

（同報告書14・15頁より転載）

(1)(2)は松浦藩江戸屋敷「向柳原町遺跡」よりの出土品。延宝三年～元禄二年（一六七五～八九）の間に廃棄されたものである。（詳細は前頁参照）

紗綾形地文を墨弾きで全面に描きうめ、桃果形に形どり、頭部に花と葉を添えている。墨弾きの紗綾形地文は実に美しく鍋島優品中でも優れた作ぶりである。

裏側面には「七宝無結び紐文」が美しく描かれ、高台側面には櫛目文が端正に描き廻らされている。高台作りはやや厚く高く、力強い。

この裏側面文様は本項(3)以降の伝世品類（参考品を除く）はすべて同じである。又、造形もやや部厚く、殆どの作品が共通している。

(2) 松文変形小皿出土品

器物の全体形は判らないが、図案化した松文と斜線で実に美しい文様を描いている。染付の色調が良く、盛期鍋島作風品の中でも傑出した作ぶりの変形小皿である。(1)と共に出土している。

残念ながら本品と同類の伝世品で発表されているものは見当らないようである。

この小皿も(1)と類似の造形で、裏側面文様、高台櫛目文も共通している。

財団法人 栗田美術館蔵

横径14.5㎝×縦径12.2㎝×高さ3.8㎝

(3) 紗綾形地文桃果形小皿

「向柳原町遺跡」出土品(1)と全く同形、同文の小皿である。

器体は大きく破損しているが、発掘出土品ではなく、伝世した器物が破損したもののようである。

向柳原町遺跡出土品の全体形を知る上で非常に貴重な作品である。

(1)と同様に紗綾形地文の墨弾き描法は実に美しく、裏文、造形共に端正である。貴重作品である。

この小皿は以前、財団法人栗田美術館前理事長栗田英男氏が収集されたものである。

(4) 青磁染付三壷文小皿

青磁と染付にかけ分け、三壷文を美しく描いている小皿である。

この小皿と表文様は同文で、器形はこの小皿よりやや浅く偏平で、裏側面に古鍋島文様を描き入れた小皿が今右衛門古陶磁美術館に蔵されている。

この他に表文様は古鍋島と一致し、裏側面文様が「七宝無結び紐文」の皿類は後掲の(5)「鉄釉青磁染付桜幔幕文小皿」(7)「青磁染付松竹梅文三稜形小皿」(9)「七宝地銹釉梅枝花文三稜形小皿」と(10)「同染付、及び色絵小皿」などがある。

これらの作品類が表同文の古鍋島皿と同時期に作られたのか、或いは幾分遅れる作であるのかは是非共知りたい問題である。

いずれにしても表文様が古鍋島と一致する作品類は「七宝無結び紐文」作品類の中では最古のグループ品で、一部は古鍋島と重複するか、又はこれに引続く年代の作と考えて良いものだろう。

口径14.5㎝×高台径7.5㎝×高さ4.5㎝

財団法人 今右衛門古陶磁美術館蔵

口径14.2㎝×高台径7.5㎝×高さ4.8㎝

(5) 銹釉青磁染付桜幔幕文小皿

多彩釉を用い幔幕と桜文を美しく描いた小皿である。

この小皿と同一表文様の次掲(6)中皿が知られている。中皿は裏側面三方に牡丹折枝文を描き、高台側面にはハート形文を廻らせている。作風は明確な古鍋島である。

この中皿と小皿の製作年代は同時期であろうか。それともある期間の開きがあるのだろうか。

同時期作品とすれば裏側面に「七宝無結び紐文」を配した作品の製作上限年代は古鍋島の早い年代まで上るものとなる。

又、両者間に時代差があるとしても、それ程大きい開きがあるとは考え難い。

この小皿は「七宝無結び紐文」の出現上限期を検討する上で非常に重要な作品の一つである。

財団法人 戸栗美術館蔵

口径19.6㎝×高台径10.6㎝×高さ4.4㎝

(6) 銹釉青磁染付桜幔幕文中皿（参考資料）

表文様は前掲小皿とほぼ同一である。裏側面は牡丹折枝文、高台にはハート形文を廻らしており、器形は浅く、古鍋島の中でも比較的早い年代の作と一般に考えられている。

この中皿と前掲小皿の年代関係はどんなものだろうか。

非常に重要な問題であるが、簡単に結論めいたことを云えるとは考え難い。

古鍋島作品の中で、製作年代を特定出来る資料の発見が切望される。

東京都埋蔵文化財センター蔵

(7) 青磁染付松竹梅文三稜形小皿出土品

（東京都新宿区砂土原遺跡出土品）

表は左上から右下にかけ、青磁染付をかけ分け、その中に桃割形の三窓をとり松竹梅を描き入れている三稜形の小皿である。釉調、絵文様は美しい。

裏面は白地のみで、「七宝無結び紐文」が三方に配されている。裏文様、造形は本項同類品と全く共通する作ぶりである。

この小皿文様も古鍋島とされている次掲(8)小皿と表文様は共通している。

この小皿も「七宝無結び紐文」の上限時期考察の上での重要資料の一つである。

(5)と共に寛文後半期頃の作と私考している。

横径15.3㎝

財団法人 戸栗美術館蔵

(8) 色絵松竹梅文小皿　（参考資料）

墨弾きで籠目地文を細密に美しく描き、その中に丸く三窓をとり、色絵で松竹梅文を描き入れている。

裏側面は花唐草文をつなぎ廻らせている。

表三窓の中の絵文様は染付、色絵の違いはあるが前(7)図と同文が描かれている。松竹梅文の位置関係も一致している。

この小皿も古鍋島とされている作品である。

前掲品、(7)と共に製作年代が重要問題となる。両者共、同年代作の可能性も十分あり得るかもしれない。

いずれにしても、これらは「七宝無結び紐文」の出現期を考察する上での貴重作品の一つである。

口径15.4㎝×高台径8.3㎝×高さ3.6㎝

横径15.8cm×縦径12.0cm×高さ4.1cm

(9) 七宝地銹釉梅枝花文三稜形小皿

全面に墨弾きで七宝地文を描きうめ、その中に梅枝花文を描き入れている。枝は銹釉が用いられている。

白ぬきの花は浮出しているようで美しい。

本品とほぼ同形、同文で染付のみのものと一部色絵を用いた作品がある。これらはいずれも裏側面には「七宝無結び紐文」が描かれており同時期作品と考えられる。

一方、これと同形同文で裏側面文様が花唐草つなぎ文で高台側面に七宝文を廻らせた作品がある。一般にこれは古鍋島と分類されている。

両者の製作年代を知ることの出来る手がかりが欲しいものである。

(10) 七宝地梅枝花文三稜形小皿、同色絵小皿

前掲品と同形、同文の小皿であるが、これは染付のみで描かれている。又、下は色絵作品である。

裏側面文様は古鍋島タイプもあり、一種類ではないことをみると、この器形、文様品は当時、人気の良かった作品で、ある期間継続して作られたものであったのだろうと思われる。

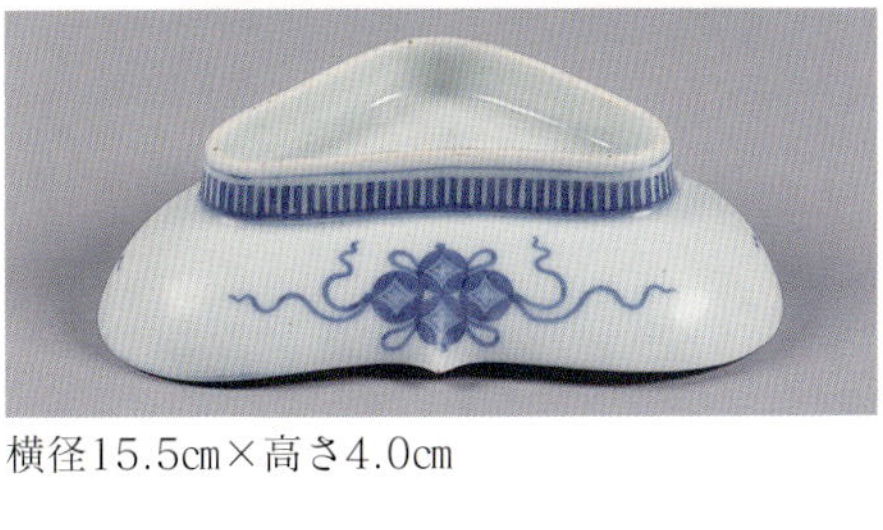

横径15.5㎝×高さ4.0㎝

口径19.4㎝×高台径10.0㎝×高さ6.0㎝

(11) 色絵牡丹桜花散らし文中皿

全面に色絵で牡丹花と一部葉を添えた桜花文を散らしている。

赤彩は濃く、独得の色調を示している。最盛期鍋島作品の色とはやや異なっている。

古鍋島から盛期作風品への交替期附近の色調とみて良いように思われる。

器体はやや厚く、重量も幾分重い。この年代同類作品と共通した特徴を示している。

口径15.0cm×高台径7.4cm×高さ4.6cm

(12) 色絵牡丹桜花散らし文小皿

絵文様は前掲七寸皿と殆ど同類品だが、器形が小さい分だけ、牡丹、桜花共に数は少ない。

色絵の色調、全体的造形など器形の大、小差はあるが前掲中皿とよく共通している。

器形はやや分厚く、重量は盛期鍋島の標準的作ぶり品に比べるとやや重い。数字関係は前項、挿図⑤を参照いただきたい。

(13) 色絵地文と亀甲散らし文変形小皿

染付で染りうめた部分と地文を描き、色絵で亀甲文を散らして描いている変形小皿である。

染付、色絵共に美しく、作ぶりは古格を示している。造形と表文様をみると古鍋島に分類されるかと思われる作風品だが、裏側面には「七宝無結び紐文」が二方に配されている。

この裏文様の出現期に近い作品であろうと思われる。端正な作風品である。

横径16.2㎝×高さ3.6㎝

口径19.7㎝×高台径10.4㎝×高さ6.0㎝

(14) 色絵菊唐草文中皿

皿周辺部に七つの花文様を赤で描き、唐草文を連ねて一面に美しい絵文様としている。

表文様と共に裏面に描かれている七宝無結び紐文、及び高台側面の櫛目文の描き方は見事であり、盛期の優れた描法品として評価出来る。

他の同類品同様に、本品も造形はやや分厚く、幾分重い。

この年代、同様式品の大きな特徴の一つである。

(15) 色絵有職文小皿、同文染付小皿

全面に染付と色絵で有職文を微密に描きうめている。

色調が全般に濃く厚く、造形はやや分厚い。

最盛期色絵小皿の標準的な作品類と対比すると造形、色調共に幾分の違いが感じられるため、従来これを古鍋島、又はそれに近い作と見る人と、反対に時代が下る作と見る人に分かれていたようである。「向柳原町遺跡」出土品によりその正解が判明した。

感覚による判断の難しさと、客観性をもつ資料の貴重さが痛感させられる。

下は同文染付作品である。

口径14.7㎝×高台径7.7㎝×高さ4.5㎝

口径14.9cm×高台径7.5cm×高さ4.5cm

(16) 色絵唐花つなぎ文小皿

全面を六割りにして抽象化した花文様を皿周辺部に描き廻らせている。

赤、青、黄の色彩が多く華やかで美しい絵文様である。力強さが感じられる。

類例の少ない作ぶり品だが裏側面文様により大体の製作年代が判る。最盛期にやや先行する作である。

裏側面の「七宝無結び紐文」をもつ作品類の製作年代幅はそれ程広くはないと思われる点は非常に有難い。

口径14.8cm×高台径7.5cm×高さ4.3cm

(17) 薄瑠璃桃花文小皿

全面を薄瑠璃で染め、濃い染付と白ぬきで図案化した桃花文を見事に描いている。一幅の絵画を思わせる絵文様作品である。

鍋島作品を通観し最も雅味に富む優作の一つと云えよう。

裏側面は形通り、同文が配されている。

面白いことに、本品のみは他の同類品と異なり重量は重くはない。標準的盛期小皿類とほぼ同じである（二二〇グラム）。

(18) 薄瑠璃豆文変形小皿

（「鍋島小皿」古伊万里刊行会 一九九五
関 和男 より転載）

全体を薄瑠璃で染め、軟らかい感じの葉を数枚重ね、鞘豆文を二本白ぬきで描いている。

前図と共に雅味深い文様小皿である。

裏側面には二方に長く「七宝無結び紐文」が配されている。

鍋島盛期の作ぶり品として異論の方は無いものだろう。

横径17.5㎝

横径15.6cm×縦径12.1cm

(19) 紫陽花文変形小皿

（「鍋島小皿」古伊万里刊行会 一九九五
関 和男 より転載）

変形の小皿に左半分を主体に紫陽花文を描き、その間を薄瑠璃で染めている。絵画調絵文様の優作である。

こうした盛期の中でも優れた作風品が、裏側面に「七宝無結び紐文」をもつグループ作品類の中にいろいろ見られることは、延宝時代前半期には鍋島の絵文様が既に完成し、盛期鍋島作品の様式を整えていたことが判る。

静嘉堂文庫美術館蔵

口径19.0㎝×高台径9.9㎝×高さ5.7㎝

(20) 青磁染付花卉文中皿

青磁と染付をかけ分けにした中皿であるが青磁の美しさと共に、染付文様も丁寧で端正に描かれている。

非常に魅力的な作品である。裏側面に描かれている文様により製作年代が判る。この種作品に共通する力強さが伺われる。

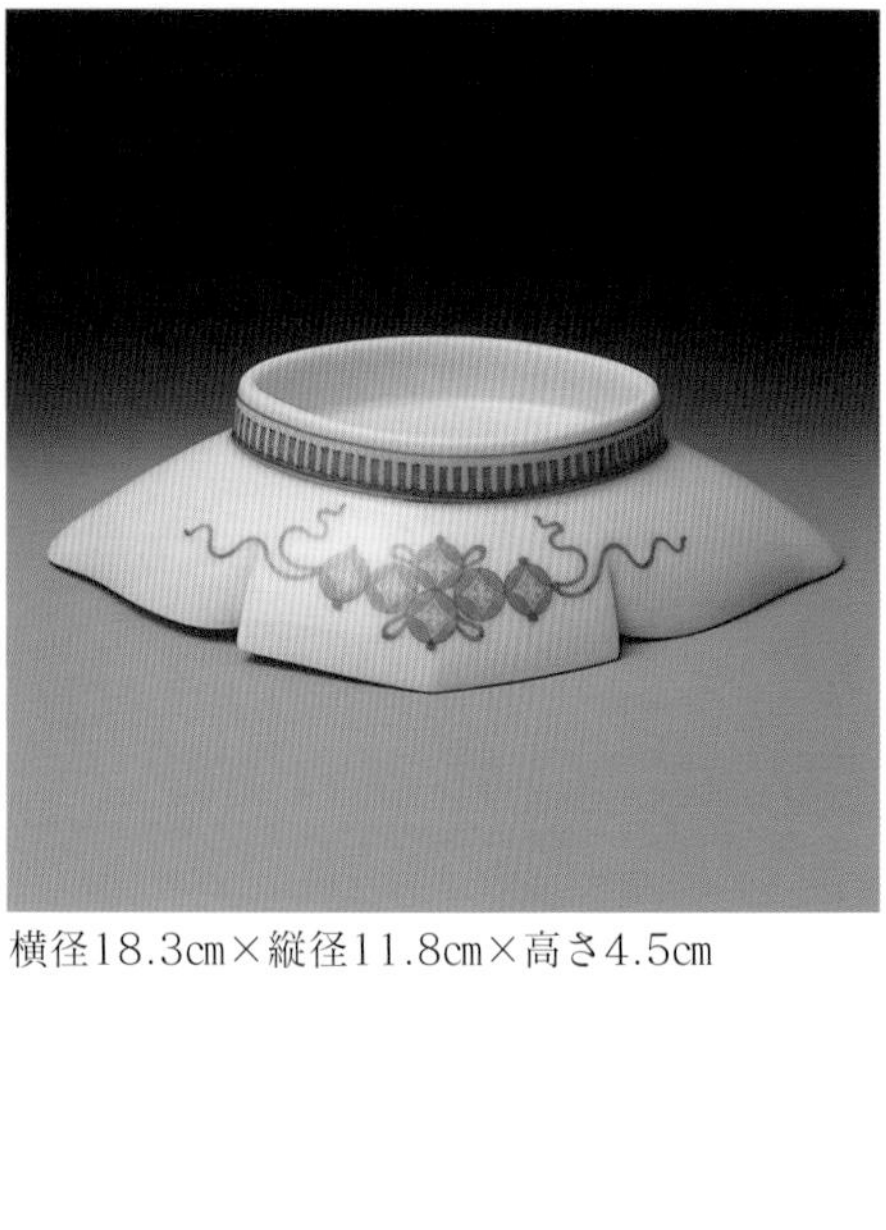

横径18.3㎝×縦径11.8㎝×高さ4.5㎝

(21) 青磁染付青海波梅花散らし文変形小皿

下部に青磁を施し、上部は染付で青海波を美しく描きうめ、その間々に梅花文を散らしている。

裏側面は二方に長く伸びた文様を端正に描いている。

青磁の釉調と共に、墨弾きの青海波は美しい。盛期の鍋島作風品である。

(22) 青海波桃文変形小皿

前図と同形、同大であるが本品は全面に墨弾きで青海波文を描きうめ、その中に桃葉と果実を見事な配置で描いている。

造形も前図と共通している。

裏側面に「七宝無結び紐文」を配した伝世作品を本項では二十六点あげている。このうち墨弾きを用いていると思われる作品は十一点がみられる。四割強である。又、変形皿が多い。

この時代は手の混んだ作品作りに努力していたことが伺われる。

横径18.2㎝×縦径11.7㎝×高さ4.5㎝

口径14.7cm×高台径7.4cm×高さ4.6cm

(23) 竹文小皿

独得の竹葉文様を連ねて、垣根のように描き廻らせている。あまり類例をみない絵文様構図作品である。

染付の色合いは濃く落ち着いて美しい。絵文様の描き方は丁寧、端正である。

裏側面文様、高台造りは本項掲載の同類作品類と共通している。

口径14.6㎝×高台径7.4㎝×高さ4.5㎝

(24) 桐竹文小皿

桐樹と竹文を組み合わせている穏やかな感じの絵文様作品である。

体部造形、高台造り共に本項同類作品類と共通して、やや重い。

重量は同形盛期標準品に比べ十パーセント強重い。

横径14.5cm

(25) 青海波唐花三方割文変形小皿

三方に窓をとり唐花文を描き入れ、その間は墨弾きで青海波文を美しく描きうめている。

造形は同類品と共通し、幾分分厚く重い。

従来、造形の面からこの種作品類を盛期の中では下る年代作品との観方の方も少なくなかったように思われるが、向柳原町遺跡出土品に始まり、この種作品類の製作年代が明らかにされてきたことを喜んでいる。

(26) 七宝つなぎ文小皿

下部に細長の雷文と全面に七宝文をつなぎ描いている絵柄の小皿である。一見地味な感を受けるが、一つ一つの七宝文は丁寧に描かれ、細長の雷文は墨弾きであり、非常に手の混んだ作品であることが判る。

造形はこの裏文様作品類と共通し、やや分厚い感触である。

口径15.0㎝

口径19.8cm×高台径9.8cm×高さ5.0cm

(27) 色絵花篭文中皿

色絵で花篭を描いた美しい中皿である。主文様と共に皿周辺部に廻らされている地文や、裏側面文様、高台櫛目文共に、完璧に描かれている。

盛期鍋島の中でも高く評価されている作品の一つである。

この中皿と、次掲(28)の二点の作品は裏側面に「七宝無結び紐文」をもつ作品類の中で、最後年に属する作品であろうと私考している。

理由は、この二点は表文様は同文で、裏側面文様が「七宝無結び紐文」と通例の「七宝紐つなぎ文」の両作品が存在しているからである。即ち「七宝無結び紐文」の終末期作品と、次に誕生した通例の「七宝紐つなぎ文」の作品とがあるため両裏文様品が存在しているのだろうと考えられる。

財団法人 栗田美術館蔵

(28) 蜘蛛の巣梅花散らし文八角小皿

墨弾きで蜘蛛の巣を描き、梅花文を散らしている清楚な感を与える小皿である。

この小皿も前掲(27)記載の理由で「七宝無結び紐文」作品の中で最後年の作と考えられる。

本項で先記している(4)(5)(7)(9)(10)作品類は表文様は古鍋島と共通している。これらの作品類には古鍋島の名残りが大なり小なり感じられるが、(27)色絵花篭文中皿と本品にはそうした感覚は全く感じられず、盛期作風品の感が強い。

「七宝無結び紐文」作品の出現期と終末期を考える上で、これらの作品類は貴重なものである。

口径14.2㎝×高台径7.4㎝×高さ4.5㎝

(29) 裏側面「七宝無結び紐文」草花文陶片

(29) 裏側面「七宝無結び紐文」草花文陶片

薄瑠璃の中に草花葉文を描いている陶片である。全体に美しく陽刻を施し、白磁部分は細密である。薄瑠璃部分は葉文様のようである。非常に美しく魅力的で、一見「松ヶ谷」を思わせるような感覚を示している。

裏面の高台櫛目文、側面の七宝無結び紐文共に美しさと共に力強く描かれている。造形も非常に厳しい。

全体的にやや分厚である点も同類品と共通している。

同類伝世品があれば最高に評価される作品の一つであろう。

(30) 「藩窯跡出土陶片」六点

この六点は正規に発掘調査され、関係部所に保管されている鍋島陶片の中から、関 和男氏が選別し同氏著「鍋島小皿」(古伊万里刊行会 一九九五年五月) に掲載されているものである。これを本書に転載させていただいた。

関氏の汗の結晶である貴重資料を私は労することなく、転載させていただき、同氏に厚くお礼申し上げたい。いずれも「七宝無結び紐文」をもつ典型的な優品出土陶片である。

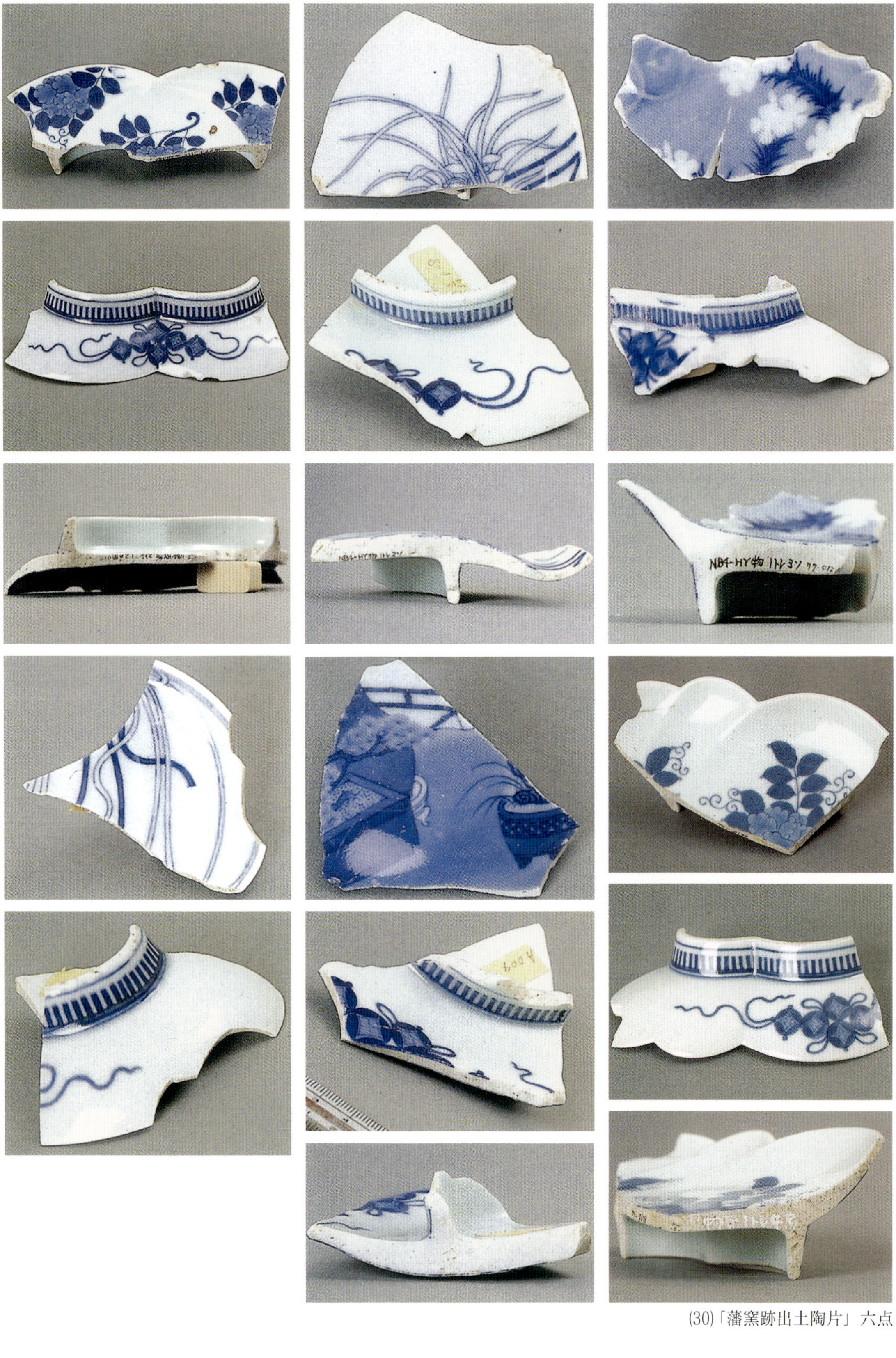

(30)「藩窯跡出土陶片」六点

(II)天和二年以前延宝時代（一六七三〜八二）作品

〔1〕「東京大学本郷構内遺跡」（以下「東大遺跡」と記す）、天和二年被災の陶片、及び類似するほぼ同文伝世品類

天和二年（一六八二）被災の「東大遺跡」、江戸時代加賀前田藩江戸屋敷の発掘調査は従来膨大な資料類が報告されている。現在も調査は進められており、最近その中の一つとして盛期藍鍋島陶片三点が発見された。(31)はその中の一つである。幸いこの陶片とほぼ一致する盛期作風の藍鍋島伝世品、(32)「唐花七宝つなぎ文向付」が見出された。

出土陶片は向付体部の一部であるが、伝世品はこれと殆ど一致している。絵文様の細部描法、配置に僅かな違いはあるが、基本的には大体一致する絵文様であり、器物の厚さ、造形も共通している。両者は同類品と考えられる。

伝世品は上部に唐花文五つを描き、中央部に二本の白線をとり、その間に七宝文をつなぎ廻らせ、下部には簡単な花葉文を描き連ねている。七宝文は出土品共に、やや偏平である。この伝世品「唐花七宝つなぎ文向付」は出土陶片と同類、同年代作と考えられる。

〔2〕製作年代の考察

出土陶片は天和二年の江戸火災（所謂八百屋お七火事）により被災、廃棄されたものであるから、その製作年代の理論的下限値は同年となる。しかし、実際の製作年代は運送、前田家の使用期間などがあるので、これより幾分遡る年代となる。

通例、鍋島作品の場合、受領者は大事に使用するので、その伝世期間は短くないと思われるが、本品は被災であるから、その伝世期間を常識的に考える訳にはいかない。短い期間であった可能性も考慮すべきと思われる。

次に、この出土品、及び同類伝世品共に延宝時代後半年の作ではないかと考えられる大きな理由がある。前項記載の「向柳原町遺跡」出土品類との対比からみてである。両者を対比すると、向柳原町遺跡出土品より東大遺跡

挿図⑥ ミトン形側葉唐花文

挿図⑦ ミトン形二葉を添えた三葉文

出土品、及び同類伝世品はかなり年代的に下がる作品と考えられる。こうした観点から、その製作年代は延宝時代後半期であろうと私考している。

〔3〕作品の特徴

出土陶片は七宝文と花心部のみで、上部は無いが伝世品向付は上部に唐花文が描かれている。出土品も完器であればこれと同類品であったと考えられる。この唐花文には大きな特徴がある。中央花心部に小さな丸珠を七つ半円形に並べ、花びらの縁どりは団子状に凹凸をつけている。その上部には三葉を配している。真上の葉は左右対称でごく通例の描き方であるが、両側左右斜め上の二葉の描き方は独得である。「ミトン」（親指と他の四指を二分した形の手袋）形である。このミトン形の二葉を斜め上、左右に配した唐花文（以下「ミトン形側葉唐花文」と記す。）（挿図⑥参照）をもつ作品類を検索してみると、いろいろのものがある。いずれも作ぶりからみて同年代頃と思われる作品類ばかりである。

ある年代、即ち延宝後半期頃を中心として余り長くない期間内に繁用された文様であろうと思われる。該当する作品類は図版(32)(33)(35)〜(40)にあげている。

又、中央の一葉と左右、斜め上にミトン形二葉を添えた三葉のみの構図(挿図⑦)伝世品も幾つか見られる。図版(44)、(45)である。同年代作とみて良いものだろう。

さて、出土品と一致する(32)「唐花七宝つなぎ文向付」、及び部分的にこれと同類文様、両側斜め上にミトン形葉をもつ唐花文を描き入れた作品類を見ると、いずれも一般に典型的な最盛期鍋島と云われている作品類である。

寛文後半期〜延宝前半期頃とみられる「向柳原町遺跡出土品」、及びその同類裏文様の作品類には古鍋島の作風が幾分感じられるが、本項掲載の作品類にはその名残りらしい面は全く見られない。以上の観点から、延宝時代の大半は鍋島最盛期作品類が製作された時代であったと考えられる。

これは柿右衛門様式品の展開とも平行している。

東京大学埋蔵文化財調査室蔵

(31) 天和二年被災、東大遺跡出土
唐花七宝つなぎ文陶片（未発表品）

この陶片は天和二年（一六八二）被災の頭記遺跡より出土したものである。小陶片であり作品の全体形が判りにくいが、非常に好運にも、ほぼこれと一致する伝世品向付が見出された。次掲(32)である。

これにより、本陶片が向付体部の中央部付近であることと、その全体形は殆ど(32)と共通するものと判明した。

陶片の被災前完器は製作年代の理論的下限値が天和二年と特定出来る貴重作品である。この陶片と(32)向付は延宝時代後半期作と考えられる。根拠は前項に記しているので参照いただきたい。

次掲品以降、この陶片と共通する文様をもつ作品類を伝世品の中から選別掲載している。いずれも同年代作品と考えられ、当時の作風を知ることが出来る。

実に貴重陶片の発見であった。なおこの陶片と同時に他に二点の陶片が見出されている。後掲写真(34)である。併せて観察いただきたい。

口径7.6㎝×高さ5.5㎝

(32)唐花七宝つなぎ文向付

この向付は前掲(31)出土陶片と殆ど一致する作品である。絵文様の細部描法、配置には僅かな違いはあるが、基本的には一致する絵文様であり、器形も共通している。両者は同類作品と考えられる。

この向付は体部の中央部分に二本の白線を廻らせ、その間にやや偏平の七宝文を描きつらねている。出土陶片と同文、同形である。上部には唐花文五つを描き、下部には簡単な花葉文を配している。

上部の唐花文は花心、花ビラの上に三葉を配しているが、左右側面の葉形はミトン形である。非常に大きな特徴であり、同時期作品を検索する上で大きな手がかりとなった。

又、出土陶片は小片ではあるが、中央部の七宝つなぎ文、花心と半円形に配置した数個の小丸珠、縁を団子状に丸めた花ビラの描法など作品の大きな特徴を示す重要部分であり有難いことであった。

口径7.3cm×高台径3.2cm×高さ5.6cm

(33) 唐花文胴締向付

体中央部を横に白圏線で締め、絵文様は中央より上部に唐花文を描いている。花心部には五つの丸珠を並べ、花ビラの縁部分は団子状に丸めて描いている。又、左右斜め上にはミトン形二葉が配されている。

絵文様の基本形は出土陶片、及び前掲(32)と共通している。七宝つなぎ文は描かれてはいないが、中央部に廻らせている白線は陽刻である。

出土陶片、前掲作品類と大体同時期の作であろうと思われる。

東京大学埋蔵文化財調査室蔵

(34) 天和二年被災、東大遺跡出土陶片二点

（未発表品）

(31)にあげた「唐花七宝つなぎ文」陶片と同時に出土したものである。二点共、染付、釉調、造形状態などからみて、(31)と同年代作品と考えられる。左は大形の向付の一部と思われるが右側陶片の器形は判りにくい。この二つの陶片と(31)陶片、(32)伝世品向付は酷似している文様部分がある。花ビラの縁部分である。いずれも花ビラ内部は線描きが施されているが、その先端、縁部分は団子のように丸く丸めて描かれている。

この描法は本項の他の伝世品類とも共通している。最も判りやすい(35)「色絵二方唐花文小皿」の花の縁部分を対比すると両者は全く共通している。この年代頃の花ビラの描法の一つの特徴と云えよう。

なお、東大遺跡出土の三陶片が同年代の三個体であることは、これらが他から混入の可能性の無いことを示している。

口径14.8㎝×高台径8.0㎝×高さ5.0㎝

(35) 色絵二方唐花文小皿

(「鍋島展」有田ポーセリンパーク
一九九五～六年 より転載)

前掲(31)陶片、(32)向付の一部と共通する文様をもつ作品類がいろいろみられる。

中心部に花心をおき数個の丸珠を半円形に並べ、周辺に花ビラを描き、眞上に一葉と左右斜め上にミトン形葉を添えている文様である。挿図⑥「ミトン形側葉唐花文」である。

この文様をもつ作品を探すと、本品以降皿の二、三、四、五、六方に描いた色絵や染付作品類があり、向付など立体的作品類もみられる。

いずれも同年代、即ち延宝後半期か、近い範囲内の作と考えられる。

本写真の二方唐花文小皿は非常に明確に「ミトン形側葉唐花文」を描いている。

(36) 色絵三方唐花文小皿

前掲品と同文の「ミトン形側葉唐花文」を皿の三方に唐草文に包まれる形で描いている。

前掲品は花ビラ部分を皿縁側にとっているが本品は逆で、花ビラ部分を皿内側、三葉を外側に向けている。しかし、文様は一致している。

次掲品(37)(38)の皿はいずれも同パターンで描かれている。

口径15.1㎝×高台径8.1㎝×高さ4.4㎝

財団法人 栗田美術館蔵

口径15.2cm×高台径8.2cm×高さ4.4cm

(37) 色絵四方唐花文小皿

この絵文様は「ミトン形側葉唐花文」を皿の四方に描いている。四方に文様を配している作例は比較的少ないのではなかろうか。

同類作品類と共通し、色絵の色調が美しく全体の作ぶりも優れている。力強さが感じられる作風品である。

財団法人 林原美術館蔵

口径20.3cm×高台径10.4cm×高さ5.5cm

(38) 色絵五方唐花文中皿

色絵鍋島の代表作の一つとして評価されている中皿である。

色調の美しさ、造形の端正さなど、すべての面で完璧さを示している。

絵文様は「ミトン形側葉唐花文」を五方に描き入れ中央部を白地で残している。

こうした完璧な作ぶり品が見られることは延宝時代は鍋島最盛期であり、多数の名品類が製作された時代であったことが判る。

(39) 六方唐花文中皿

（日本の陶磁 第6巻「柿右衛門・鍋島」
中央公論新社 昭和四十七年三月 より転載）

皿縁に近く圏線を施し、それを挟んで六つの唐花文を両側に描き入れている。この描法は(33)向付のそれと似ている。(33)向付は白線を挟んで上部に手の混んだ、下部に簡単な唐花文を描き入れている。

この中皿も圏線を挟み外側には丁寧な「ミトン形側葉唐花文」を描き、内側はやや簡単な唐花文としている。

この当時、よく用いられた文様パターンであろうと思われる。

本品と同一陶片が大川内山藩窯跡から出土している。(46)

口径20.3cm×高台径10.5cm×高さ5.5cm

財団法人 戸栗美術館蔵
口径11.0㎝×高さ6.5㎝

(40) 色絵牡丹唐花文向付

口縁部が開いた向付である。外側面には牡丹花文五つを連ぎ文様として描き廻らせ、内側上部に「ミトン形側葉唐花文」を五つ描き入れている。

この内側文様は本項掲載器物類と共通するものである。又、外側に描かれている牡丹花の花心部、花ビラの描法や色調は一連の「ミトン形側葉唐花文」と共通している。

いずれもこの時代の繁用文様の一つであったことが判る。

口径14.0㎝×高台径7.1㎝×高さ4.5㎝

(41) 唐花文八角小皿

前掲品(40)までは「ミトン形側葉唐花文」作品類を掲げたが、本品以降は「ミトン形葉」を左右に二葉描いている作品類である。

唐花文と一体化した文様ではないが、ミトン形葉の描法は共通しており、同時期作品と考えても良いものと思われる。

この唐花文八角小皿の各面に描かれている葉文様を見ると、左右斜め上から二枚目の葉がミトン形で描かれている。

ミトン形葉が多方面で繁用されていることが判る。

口径12.9cm×高台径7.2cm×高さ4.2cm

(42) 色絵唐花文八角小皿

(日本の陶磁 第6巻「柿右衛門・鍋島」
中央公論新社 昭和四十七年三月 より転載)

前掲品と同じ文様で、同形品であるが、本品は色絵で描かれている。

同一器形の染付、色絵作品があり、この文様は当時人気の良かったものと思われる。

口径10.5㎝×高さ6.2㎝

(43) 色絵唐花文八角向付

（「鍋島展」有田ポーセリンパーク 一九九五〜六年 より転載）

八角に形どった向付である。各面に植物文様が描かれている。その左右斜め上から二枚目の葉がミトン形で描かれている。下部二葉も同じである。なお、本品と同形、同文で染付のみの作品が知られている。

色絵、染付共に人気の良かった作品であったと思われる。

財団法人 今右衛門古陶磁美術館蔵

口径19.9㎝×高台径11.0㎝×高さ5.9㎝

(44) 青磁染付色絵桃宝尽文中皿

鍋島作品中、最高位に評価されている作品の一つである。

この中皿の裏側面文様は染付で牡丹唐草文が廻らされている。六つの花文様をおき、その間々を繋いでいる三葉を見ると、斜め左右の二葉がミトン形で描かれている。

ミトン形葉文は花文様との組合せだけでなく、こうした単独文様としても用いられていることが判る。

東大遺跡出土品と同年代、延宝時代後半期を中心とする時代の作と考えられる。

この年代は鍋島最高品が造られた時代とみて間違いないと思われる。

口径20.2㎝×高台径11.0㎝×高さ5.6㎝

(45) 松梅文中皿

皿縁に添って松梅文を描き廻らせている中皿である。絵文様は美しく端正に描かれている。

この中皿の裏側面文様は前掲(44)作品と全く同文で描かれている。同年代作と考えられる。

染付作品であるが整った佳品である。

よく検索すると(44)や本品と類似している描法作品はいろいろ見出すことが出来る。

(46)ミトン形側葉文出土陶片

唐花文の文様構成の一部にミトン形側葉文が用いられている伝世作品はいろいろ見られている。当然のことで、大川内藩窯跡出土陶片の中にも存在する訳だが、二点を確認出来ているので掲げてみた。

右は(39)「六方唐花文中皿」と一致する出土陶片である。

左は皿内側面の花唐草文の中の文様構成の一部としてこの文様が描かれている。

出土陶片は伝世品と異なり、断面が詳細に判る点は有難い。

右は現在有田町歴史民俗資料館保管品、左は以前に関 和男氏が調査し、同氏著「鍋島小皿」掲載品を転載させていただいた。

(Ⅲ)宝永時代～元文三年（一七〇四～三八）作品

〔1〕享保十五年（一七三〇）、又は元文三年（一七三八）被災の「東大遺跡」出土品、同一伝世品と類似作品、製作年代

東大遺跡、江戸時代加賀前田藩江戸屋敷は天和二年（一六八二）以降、元禄十六年（一七〇三）、享保十五年（一七三〇）、元文三年（一七三八）の三回に亘り火災を受けている。この中で、明確には確認できないが、享保十五年か、または元文三年に被災した遺跡層から色絵鍋島向付陶片が出土している。(47)である。

この色絵向付は被災が享保十五年とすると、元禄十六年の火災以降に求められたものと思われるので、その製作上限年代は翌宝永元年頃となる。

次にこの色絵向付の製作下限年代を考える上では大きな問題がある。老中松平伊賀守の享保十一年、鍋島藩にあてた書付である。この書付には「例年献上之皿猪口鉢之類、唯今迄者色々の染付有之候得共、向後色取有之候染付者一通差上、其外者色取無之、浅黄井花色等之類染付を可被差上候（後略）」と書かれている。（注3）字句通りの詳細意味は判りにくい部分もあるが、要旨は多色色絵を制限したものか、または色絵作品の製作数量を少なくするよう指示したものか、いずれかと思われるが明確には判りにくい。

当時、八代将軍吉宗は勤倹節約を旨とし、自身も粗食に甘んじ、衣類は木綿を用いていたという。その人柄は自らにも厳しく、自家用食器も華美を避け多色品を廃したのだろうと思われる。この件をみると、老中の書付が多色を禁じたものであれば、鍋島多色色絵は下限が享保十一年頃までと考えられる。したがって、東大遺跡出土色絵向付陶片が、享保十五年、元文三年、いずれの被災品であったとしても、その製作年代の下限は享保十一年頃までとなる。しかし、製作数量の制限であれば多色色絵は少量ながら享保十一年以降も存在したことになる。従って、この色絵向付の製作下限年代は享保十五年か元文三年となる。

この色絵向付には幸運にも全く同類の伝世品が知られている。(48)である。次に類似伝世品を探してみると、(49)の色絵向付がある。こちらは高台が無く、平底で色絵は黄色が無く、赤、青の二色が用いられている。絵文様構成はほとんど同じだが、器縁上部の瑠璃染め部分が白地である。全体に(48)よりやや簡略化されており、年代的には幾分後年の作であろうと思われる。(50)はさらに簡略化した文様の染付向付である。

(48)・(49)・(50)は元禄十六年から以降即ち十八世紀の作であることは明確である。

〔2〕享保銘箱入「色絵松竹梅文中皿」の作風

従来、享保銘箱入品として(51)「色絵松竹梅文中皿」が知られている。本品がはじめて市場に出た時の状況に詳しい古美術商の方の話では、裏側面文様が後期作品に多用されている「カニ牡丹文」に近いことや、線描き、濃みなどにも不満点が多く、人気はよくなかったとのことである。しかし、その後本品が享保銘箱入品と判り、一挙に人気が上がったとのことである。確かに、客観的にみて、当時の古美術商の人々の観方は妥当だったと思われる作ぶりである。私も同感である。

この松竹梅文中皿と、本稿にあげた(48)・(49)・(50)作品、計四点の作ぶりについて、鍋島愛好家諸氏は如何に評価されるだろうか。私は前項の延宝時代と考えられる作品に比べれば、力強さ、華麗さなどの面で、(48)はほぼこれらに近いとしても、(49)・(50)・(51)はかなりの低落化傾向は否定できないと思われる。

伊万里の他様式品と共通し、鍋島作品も十八世紀初期頃から低落化に入り始めたと思われる。

東京大学埋蔵文化財調査室蔵

(47) 享保十五年、又は元文三年被災の東大遺跡出土色絵菊唐草文向付陶片（未発表品）

この陶片は享保十五年（一七三〇）、又は元文三年（一七三八）被災の東大遺跡、加賀大聖寺藩江戸屋敷跡出土品である。

この屋敷は享保十五年の前は元禄十六年（一七〇三）に大火を受けている。従って、出土陶片はその後、翌宝永元年（一七〇四）以降に求められたものと思われ、製作上限年代は同年以降とみて良いものだろう。

被災時は享保十五年か、元文三年かは不明だが、いずれにしてもこの向付の製作下限年代は判り難い。前記の通り、老中松平伊賀守の書付の解釈が明確には判りかねるからである。

しかし、この向付の製作上限年代が宝永時代以降、即ち十八世紀であることは間違いあるまい。十八世紀作品を考察出来る貴重資料である。なお、幸いこれと同類伝世品がある。

口径14.0㎝×高さ6.8㎝

(48)色絵菊唐草文向付

(「鍋島」朝日新聞社　昭和四十年六月刊より転載)

前掲出土陶片と一致している伝世作品である。器縁に染付帯状部分を施し、染付色絵で菊唐草文を描いている。高台が付けられている向付作品である。

本品も前掲出土品と同様に、製作上限年代を宝永元年（一七〇四）頃以降に設定出来る作品と考えられる。

十八世紀に入っての色絵作品の作ぶりを知る上での貴重作品である。

財団法人 戸栗美術館蔵
口径10.2㎝×高さ6.8㎝

(49) 色絵菊唐花文向付

構図は前掲品と殆ど一致している作品である。しかし、本品は高台が無く平底であり、色絵は赤、青の二色で黄色は施されていない。又、上部器縁に帯状染付はなく、白地で前掲品とは異なっている。

全体に前掲品より、やや簡略化されており、僅かながら年代的には後年の作ではないかと思われる。

口径10.0cm×高さ7.0cm

(50) 唐花つなぎ文向付

前掲品と共通する絵文様で、葉や線描きなどは良く似ている。しかし、花文様と下部文様が無く、前掲品より大きく簡略化された文様である。年代的には幾分下り、盛期作品の中では最も後年に属するものと思われる。

財団法人 戸栗美術館蔵

口径20.4cm×高台径10.4cm×高さ5.5cm

(51) 色絵松竹梅文中皿

この中皿は享保年間の年紀の箱に入って十枚伝世したものの一つである。享保時代の作ぶりを知ることの出来る貴重作品である。

鍋島作品で紀年在銘箱入品としては、最古の作が本品と「染付松竹梅文徳利」が知られている。共に享保銘である。

後期になると宝暦、寛政以下、紀年銘入品がいろいろ見られるが、最古の紀年銘は享保である。

享保以前の在銘箱入品は現在全く見出されておらず、それ以前には武士階層には共箱に記す習慣は無かったのだろうかと思われる。

伊万里作品には多い箱書が鍋島では享保以前は全く見られず、このことが製作年代判断を難しくしている一因となっている。

(Ⅳ)元文時代（一七三六～四一）頃、推考作品

製作年代を特定出来る直接的資料は見出せないが、元文時代頃の作と推考出来るものとして(53)「芙蓉菊文大皿」(54)「桐樹竹文大皿」の二点があげられよう。推考理由は次の通り。

参考写真(52)「牡丹花文大皿」は絵文様描法、造形など諸面からみて、一般的には盛期鍋島大皿の中で、最も年代的には下る作品とみられている。恐らく前記の享保銘箱入品、(51)「色絵松竹梅文中皿」などと近い年代の作とみて良いものだろうと思われる。

この大皿の造形は特徴的で、器側面が薄作りで独得の湾曲を示している。高台は低く内傾しており、側面には七宝文が緻密に描き廻らされている。

口径は盛期作品の中ではやや大きく、三十一・六糎である。

さて、この大皿と本項にあげた二点の大皿を対比すると造形が良く類似している。三者は口径が三十二・六糎、三十一・九糎、三十三・一糎、器高は九・一糎、九・〇糎、八・三糎で近似しており、器側面は薄く、湾曲状態は酷似している。又、高台の高さ、内傾状態、側面の文様描法などもよく共通している。

しかし、裏側面は(52)「牡丹花文大皿」は盛期に見られる花唐草文が廻らされているが、本項の二点は「カニ牡丹文」である。

本項の二点(53)「芙蓉菊文大皿」(54)「桐樹文大皿」は「牡丹花文大皿」と対比すると、これより少し下るが、次項の宝暦時代とみられる大皿類と比べると、はるかに先行する作ぶりと考えられる。

前、後作品類との対比からみて、この二点は元文時代頃の作と考えられる。

財団法人 戸栗美術館蔵

口径32.6cm×高台径15.8cm×高さ9.1cm

(52) 牡丹花文大皿 (参考・盛期作品)

この大皿は盛期作品の中では最も後年に属する作品と思われる。

この大皿と裏側面に「カニ牡丹文」を廻らせた大皿の中で最も古作とみられる次掲(53)(54)作品、及び後記の宝暦時代と考えられる大皿類とを対比すると、口径、器高と共に皿側面の厚さ、湾曲状態、及びやや内傾し低い高台造りなどは酷似している。

これらの対比からみて、この「牡丹花文大皿」は盛期の中では最も後年に属し、先掲(51)「色絵松竹梅文中皿」と同じ、享保時代頃の作ではないかと推考される。

次掲(53)(54)作品の製作年代を考える上で、貴重な参考になるものと思い本項に掲げたものである。

口径32.9cm×高台径16.4cm×高さ9.0cm

(53) 芙蓉菊文大皿

この大皿と前掲(52)大皿を対比すると、口径は三十二・九糎と三十二・六糎、器高九・〇糎と九・一糎で、高台は低く内傾し、緻密な七宝文が描き廻らされており、両者は非常に共通している。

しかし、前掲品は裏側面全面に牡丹唐草文を廻らせているが、本品は「カニ牡丹文」である。

裏側面に「カニ牡丹文」を描いた大皿の中では本品は最も古作のものと思われる。

この大皿と後記の宝暦時代大皿とは器形は非常に良く共通している。しかし、絵文様は大きく異なり、本品は盛期作品(52)「牡丹花文大皿」と良く類似している。

以上の諸点からみて、本品は宝暦時代より相当に早く(52)作品より僅かに遅れる作と考えられ、元文時代頃の作であろうと推考している。

口径33.1㎝×高台径15.1㎝×高さ8.3㎝

(54) 桐樹竹文大皿

器形、裏側面文様は前掲(53)とよく共通している。高台側面の七宝文の描き方、造形も良く、前掲大皿と同時期作品と考えられる。

本品と(53)大皿の裏側面「カニ牡丹文」と先掲(51)「色絵松竹梅文中皿」の裏側面文様は良く類似している。(51)は享保銘箱入品であるから、「カニ牡丹文」は享保時代の直後に誕生した文様とみて良いと考えられる。

(53)と本品は元文時代頃の作とみて良いように考えられる。

しかし、これらが享保時代の後期に入っているのではないかとの一抹の疑問も感じている。

(V)宝暦時代(一七五一～六四)頃の作品

昭和四十四年、今泉元佑氏がその著「色鍋島と松ヶ谷」(雄山閣)の中で(55)「山水鷺文大皿」を宝暦銘箱に入り伝世したものとして紹介された。

当時の事情に詳しい古美術商の方の話では信州、高遠藩内の伝世品であったとのことである。

この大皿は大きな特徴を持っている。裏側面文様で、一周して竹文を廻らせ、それに梅枝花文を絡ませている。

この裏側面文様と同文を描いた大皿類はいろいろ見出されており、本書には三点を掲げている。

このグループの大皿は大体、口径が三十二～三糎程度、器高九糎台までで、十糎を超えるものは無いようである。器側面は比較的薄く、独得の湾曲状態を示している。前掲(52)～(54)作品とよく類似している。これから見て、この器形は享保頃から宝暦時代頃まで用いられたものと思われる。しかし、高台側面文様は七宝つなぎ文ではなく、やや粗い感があり短いが正確に櫛目文が描き廻らされている。表の絵文様は享保時代頃と考えられる作とは大きく異なり、明らかに後期の作ぶりを示している。

この独得の裏側面文様と造形を持つ大鉢類はいずれも一時期、宝暦時代頃に集中しており、短期間内の作品と思われる。

次に、その文様を見ると、一部植物文も見られるが、大多数は山水文である。又、その中で水面を表現する横線文様の描法は美しい。これはこの時代の特徴の一つと云える。

(55) 山水鷺文大皿

この大皿は今泉元佑氏が宝暦銘箱入品として紹介されたものでる。独得の裏側面文様と器形を示している。

もし、この大皿が発表されていなかったとすれば現在、宝暦時代頃の作品を特定的に知ることは容易ではなかっただろうと思われる。この作品により宝暦時代の作ぶりが判り、これが鍋島後期作品編年の要となっている。

この大皿は是非カラー写真で広く知られて欲しいものだが、現在御所蔵者が判らず、本書では今泉氏の著書よりの転載写真とさせていただいた。御所蔵の方にカラー写真での御発表をお願いしたい。

製作年代を特定出来る作品の存在が如何に重要かは云うまでもなく、こうした作品の累積が正確な編年の基本となるものである。

(56) 山水蛇篭小鳥文大皿

(55)と共通し、皿裏側面に竹を廻らせ、梅枝花文をからませている。又、造形も共通している。
この種作品には植物文は少なく、大部分が山水文である。

本品と次掲品の水面を表現する横線描きの描法は独得であり、この年代作品の共通性が見られる。

器高は九糎台以下であり、十糎を超える作品は見当たらないようである。

この種作品に次ぐ年代の大皿類は器高が十糎を超え、未満のものは見出し難い。

口径33.3cm×高台径17.0cm×高さ8.5cm

口径33.0cm×高台径16.2cm×高さ8.8cm

(57) 山水文大皿

表の絵文様と共に、裏側面の竹に枝梅をからませた文様、及び全体的造形は前掲作品と共通している。

この種大皿はかなりの数が伝世しており、短い期間内に相当量が製作されたのだろうと思われる。

一時期の鍋島大皿作風を知ることの出来る貴重作品である。

(Ⅵ)安永時代(一七七二〜八一)頃の作品

安永三年に将軍家御好みにより十二種作品が献上され始める。(品名は挿図⑧)

初期の作品類が明確に判れば安永時代の作風を知ることの出来る絶対的な資料になるのだが、残念ながらこの作品類はその後長期間に亘り作られ続けている。

従って、伝世している作品のうち、どれが最も古作のものか判断は難しい。多数の伝世品を調査し、その中で該当すると思われる作品を選出するほかはないが、幾つか考察出来るものが見出されている。

「菊絵大角皿」と「梅絵大肴鉢」について記してみたい。

安永三年献上品中、方形皿は「菊絵大角皿」と「山水絵中角皿」がある。この二品は伝世品数が非常に多いので大量の作品を見ることが出来る。いずれも百点を超える数を調査してみたが、皿裏側面に描かれている「蟹(カニ)牡丹文」葉数はそれぞれ三十枚と二十六のものに分かれる。数量的には後者が多い。

両グループを対比すると全般に三十枚のグループ作品が造形、絵文様描法共に二十六枚のものより優れている。

三十枚グループ品を更に選別すると、辺径十五・五糎前後の作品が最も優れている。献上目録では山水絵皿は「中角皿」とされているが、菊絵皿は「大角皿」とされている。前者はカニ牡丹文葉数三十枚で最も整った作ぶり品でも辺径は十四・三糎前後であり、十五糎を超えるものは見出せない。菊絵は大角皿とされているので「山水絵中角皿」より大きいものであることが判る。

結論として、裏側面カニ牡丹文の葉数が三十枚で、絵文様、造形が良く整い、辺径十五・五糎前後の作品が安永三年に最も近い作と考えられる。

次に、「梅絵大肴鉢」は幕末期まで長期間に亘り作られ続けているので、その古作品はなかなか判り難いが、ようやく該当すると思われる作品を見出すことが出来た。

挿図⑨ 蔦絵木瓜形皿

(1)梅絵大肴鉢
(2)牡丹絵中肴鉢
(3)萩絵丸中皿
(4)葡萄絵菊皿
(5)菊絵大角皿
(6)山水絵中角皿
(7)山水絵長皿
(8)遠山霞絵長皿
(9)折桜絵長皿
(10)蔦絵木爪形皿
(11)金魚絵船形皿
(12)松千鳥絵猪口

挿図⑧

伝世作品の大部分は器体の造形が厚く、器高が十・〇糎を超え、高台造りも厚く高く、側面の七宝つなぎ文も大きく描かれている。

本項にあげた(59)大鉢は器側面が薄作りで、湾曲状態は宝暦時代の裏側面に竹梅文を廻らせた大鉢類とよく類似している。又、後掲の「文化十年銘梅絵大肴鉢」と対比すると、表文様もかなり手が込んでいる。高台の七宝つなぎ文も小さく、古作品と共通している。

ところが、高台造りは一八世紀後期以降の一般的大鉢と類似し、やや高く分厚い。高い高台側面に小さく七宝文を描いているため、高台下部が八ミリくらい白地のまま残されている。この白地部分を削除すれば殆ど宝暦頃の大鉢と同形である。

高台の七宝文は小さいのに高台造りが高いのは奇妙であるが、安永時代は宝暦頃の作ぶりから後～末期様式品への転換期であることをみれば、こうした両者の中間的作ぶり品が作られたのだろうと思われる。

非常に興味深い作品である。

御献上品十二通りのうち「蔦絵木瓜形皿」の葉文（挿図⑨）を見ると葉を中心から左右に分けて、濃淡に染め分けている。この手法は後期作品に多用されているが、安永三年はその早い時期であろうと思われる。

本項に後掲している(60)「芙蓉萩文大皿」は葉を濃淡に染め分けており、この種作品の中では早い年代の作で、安永時代頃の大皿作品であろうと考えられる。

(58) 菊絵大角皿

辺径15.6㎝×高台径9.8㎝×高さ3.5㎝

安永三年に始まる献上十二種作品のうち「松千鳥絵猪口」は不明だが、他の十一種作品の絵柄は明らかにされている。この十一種作品について、経時的に作ぶりを追ってみても、表文様には殆ど大きな変化は認めにくい。

この菊絵大角皿は天保十年銘箱入品、慶応四年銘紙書きのある作品と、正確な年代は判らないが宇和島伊達藩江戸屋敷跡出土の三種の作品を見たが、表文様のみではなかなか新旧関係は判り難い。しかし、裏文様と器物の大きさ、重量は大きく変化している。

裏側面カニ牡丹文葉数は当初三十枚で始まり、その後ある時期から二十六枚に減じている。又、辺径は十五・五糎くらいで始まり、後年には少し小さくなっている傾向がみられる。重さは初期のものでは三〇〇グラム前後のようだが、後年十九世紀作品では三五〇グラム～四〇〇グラム前後のものが多いようである。写真作品は初期に属する該当品の一つと考えられる。

口径34.4cm×高台径17.7cm×高さ9.9cm

(59) 梅絵大肴鉢

安永三年献上、十二種作品の中の一つだが、同文伝世品は多く、古作品の選別は容易ではない。その中で、本品は安永三年に最も近い作と考えられる。

器側面は薄く、湾曲状態は宝暦時代大皿と共通している。表文様も同類品(62)などと比べるとかなり詳細に描かれている。器高は宝暦時代大皿より僅かに高く九・九糎で、十八世紀末期頃以降作品に比べると低い。

しかし、面白いことに高台造りは十八世紀末頃以降の大皿と類似し、幾分高く分厚い。ところが、側面の七宝つなぎ文は小さく描かれており、そのため高台下部が白地で広く八ミリくらい残されている。

高台の造形以外は殆ど宝暦時代大皿と共通している。宝暦から遠くない年代を反映している作ぶり品と云えるものだろう。

(60) 芙蓉萩文大皿

芙蓉と萩を描いた大皿だが、葉の描法は縦に中心部より二分し、左右を濃淡に染め分けている。

葉の濃淡染め分けは後期になるほど多く、その差も明確となっている。

この手法がいつ頃から始まっているのか、明確には判りにくい。宝暦の少し前頃には見られるが(注4)、これは濃淡差がごく小さい。

次に、安永三年献上品中、蔦絵木瓜形皿の葉の描法は明確に濃淡に染め分けられている(挿図9)。

その確実な出現期は安永時代か、少し以前頃であろうと思われる。

この芙蓉文大皿は葉を僅かに濃淡に描き分けており、高台造り、櫛目文、裏側面文様などからみて、安永時代頃の作であろうと考えられる。

口径33.6㎝×高台径17.5㎝×高さ10.5㎝

(VII)寛政時代(一七八九～一八〇一)頃の作品

江戸後～末期に至り全国諸藩の財政は極度に悪化したと云われている。そのため、受領した鍋島作品が藩、又は高級武士層から富裕商人へ売却されたと思われるものがいろいろ見られる。

商人層へ渡った鍋島作品が箱書されて伝世した例が見られる。前著「鍋島II・後期の作風を観る」では九例をあげている。

このうち私の知り得たもっとも早い例品は「寛政九年（一七九七）巳、正月吉日、小倉屋……」と書かれた(61)「色絵菊花文大皿」である。

色絵は赤一色で、絵文様描法は盛期作品の力強さは感じられないが、十九世紀作品と対比するとかなりの違いは見られる。

菊花の花びらは十九世紀になると一重で平面的な描法が多いが、この花びらは複数枚が重ね合わせて描かれている。又、枝葉の描法も一応整っている。

裏側面文様は他に類例を見ない花枝葉文が三方に配されている。こうした変則的な裏文様が多くなるのもこの時代頃からの特徴である。

高台側面の櫛目文は細く、力強さには欠けるが形通り縁どりをして整えて描いている。

次項にあげている文化十年銘大皿とはかなりの違いが見られる。

こうした作ぶりを見ると、十八世紀末期である寛政時代は十九世紀作品類に比べれば、それなりの矜持は感じられる。

この菊花文大皿は十八世紀最後の頃の鍋島作品の状態を知ることの出来る貴重作品と云える。

⑹ 色絵菊花文大皿

口径29.2cm×高台径14.0cm×高さ6.8cm

この色絵大皿は寛政九年銘箱に入り伝世したものである。十八世紀末期の作ぶりを知る上で良い参考になるものである。

文化十年銘のある次掲(62)大皿と対比すると作ぶりの違いが判り、十八世紀末と十九世紀で、かなりの変化が生じていることが判る。

箱書には「小倉屋…」と商人の屋号とみられる文字があり、商人層の人の所有であったことが判る。

器面には小さな使用傷跡が多く、日常かなり使用されていたのだろうと思われる。一般的に鍋島作品にこうした例は少ないが、この大皿は興味深い。

この大皿以降、商人層の人と思われる箱書品はいろいろ存在しており、江戸後～末期には経済状況により、鍋島作品が富裕商人層へいろいろ流れていることが伺われる。

㈧文化時代（一八〇四〜一八一八）頃の作品

文化時代作と特定出来るものでは、皿裏高台内側に「文化酉製」（十年）と染付で書かれた梅文大皿がある。

この大皿は安永三年、将軍家献上品目録の中に、「梅絵大肴鉢」とされているものである。

安永三年献上品では高台側面文様は七宝つなぎ文と思われるが、本品は櫛目文が描き廻らされている。又、高台内側には紀年銘の他に「弄生模之」と書かれており、この大皿の製作意図は判り難い。

本大皿の高台側面には櫛目文が描かれているので、当時の大皿櫛目文の描法を知る上では貴重な参考となる。先項の寛政時代大皿とはかなり違っていることが判る。

安永三年、将軍家献上のために製作され始めた十二種作品類も十九世紀に入る頃から使途目的はかなり変わり始めているようである。例えば、「菊絵大角皿」は宇和島藩江戸屋敷跡から出土しており（注5）、又、同皿で天保十年銘と商人らしい名が書かれた箱書品も知られている。（注6）

御献上十二種作品のうち、確認出来るものだけでも相当種類が膨大な数の伝世品があり、将軍家献上で作られ始めたものが或る時期以降は他目的でも使用され始めたことが判る。

鍋島作品の献上、贈呈の確固とした基準は安永三年から間もなくして崩れ始め十九世紀に入る頃から大幅に乱れたものと思われる。

幕政の衰退に平行しているものだろう。

財団法人 栗田美術館蔵

口径34.4㎝×高台径17.2㎝×高さ10.6㎝

(62)「文化酉(十年)製」銘 梅絵大肴鉢

非常に興味深いことに、皿裏高台内に「文化酉(十年)製、弄世模之」と書かれており、製作年代を知ることが出来る。

この大皿同類品はかなりの数が伝世しているが殆ど本品と同形、同類の作ぶりのものである。

安永三年に近い作は先掲(59)のような作ぶり品と思われるが、これと類似した作品は殆ど見出し難い。私は僅かに一点(59)のみしか知らない。

現在伝世している作品類は十八世紀末頃から以降のものが圧倒的に多いのだろうと思われる。

(IX)十九世紀、文政時代以降(一八一八〜)の作品

十九世紀に入ると鍋島作風はいろいろ変化を生ずると共に、流通も大きく変化していることが判る。

武士層の財政難と商人層の経済力により、鍋島作品もかなりの数が商人層へ流通している。本項掲載器物中、六点は商人による箱書品である。

その中で鍋島藩主、前藩主より直接受領したものが三例、地方藩主より藩内富裕商人へ譲渡(実際は売却だろう)されたもの二例、などが見られる。

商人に渡ると武士と異なり箱書きして残すものが多いため、これが当時の状況を知る上で貴重な資料となっている。

今後も熱心に探せばこの種箱書品はいろいろ発見出来ると思われる。

鍋島十九世紀の作品は終末期の作風を知ることと共に、流通面検討の上でも重要なものである。

口径10.6㎝×高さ7.7㎝

(63) 文政十三年銘箱入 竹垣菊花文蓋碗

文政時代の作と明確に判る中皿などの標準的作品類が欲しいのだが、なかなか発見出来ず、唯一文政十三年（一八三〇）銘箱入のこの蓋碗のみしか見出していない。

十八世紀後半期の作品に比べ、菊花は一重に並列的に描かれ、葉は丸味を帯びて縮んだ感に描かれている。十八世紀作品では菊花は重複し、葉はのびやかである。僅かな年代差でも作風の変化は少なくないようである。

箱には「御留山染附」と書かれている。鍋島藩窯の知識をある程度持っていた商人層の人の所有品であったと思われる。

御留山とは殿様の窯の意である。

長さ13.3㎝×高さ13.7㎝

(64) 天保十四年銘箱入 青磁獅子形香炉

貴重な箱書のある青磁作品である。兵庫津の御用を終え御暇乞いの折、斉正公より頂戴した旨と天保十四年（一八四三）九月拝領の旨が書かれている。

製作年代が判る貴重作品である。

同形香炉は二個を入手することが出来た。一点は本品で、いま一つは佐賀県内の某寺に伝世していたものである。

香炉であるため、殿様の関係先などによく用いられたのだろうと思われる。

⑹⑸ 弘化三年銘箱入 草花文大猪口

弘化三年（一八四六）銘のある箱に入り伝世したものである。当時の作風を知る上で良い参考になるものである。

本品は宇都宮の富裕商人、質屋業の池沢伊兵衛が宇都宮藩より譲渡されたものと思われる。当時の流通を知る上での貴重作品の一つである。詳細は前著「鍋島Ⅱ 後期の作風を観る」を御参照いただきたい。

口径9.8㎝×高さ7.0㎝

口径34.4㎝×高台径17.1㎝×高さ10.9㎝

(66) 嘉永五年銘 桃花果実文大皿

桃の枝葉を器縁に添って一周し、花と果実を全面に華やかに描き廻らせている。

桃の花と果実が共存する事は有り得ないのだが、鍋島作品には多用されており、花も実もある目出た文として喜ばれたものだろう。

裏面高台内側に「嘉永壬歳（五年）」（一八五二）と宮崎氏の銘があり当時の大皿の作ぶりを知ることの出来る貴重作品である。

宮崎氏は藩窯御細工人、「宮崎千兵衛」と思われる。

口径12.9cm×高台径6.4cm×高さ3.5cm

(67) 嘉永六年銘 下絵図 双鳳凰文小皿

この小皿は全く同文で「嘉永六年」（一八五三）銘のある下絵図が知られている。従って、この小皿は嘉永時代か、僅かに前後する期間内の作であることが判る。

下絵図には送り先者と思われる「久世様」の名が書かれている。

他に、送り先名を書いた下絵図では「元禄子（九年）、宝永六年、戸田能登守殿組鉢絵本」と記したものがある。戸田能登守は後に老中を勤めており、これと対比し久世様は当時、老中を勤めていた久世大和守ではないかと推測される。

口径31.8㎝×高さ9.5㎝

(68) 万延元年銘箱入 青磁折縁大深皿

手取り感、高台削りなどをみると後期の作と判るが端正な作りの青磁大深皿である。

箱書には「万延元年（一八六〇）、讃岐観音寺町山本氏持」と書かれている。

箱書よりみて、讃岐丸亀藩、京極家より藩内富裕商人、酒造業の山本氏に売却されたものと思われる。前掲宇都宮藩、池沢伊兵衛と同例と思われる。

青磁の釉調は美しく、色調のみではなかなか年代判断は難しいものである。

製作年代を考えられる箱書の存在するものは貴重である。

長径13.4㎝×高さ3.9㎝

(69) 文久三年銘箱入 青磁木瓜形小皿

箱書には文久三年（一八六三）、鍋島肥前守様御隠居閑叟様より、御上京の折、眞如堂（眞正極楽寺）へ御逗留の砌、頂戴した旨と、受領者近藤政右衛門の名が書かれている。又、箱横に、肥前留山、青木瓜焼物十人前と記されている。

この受領者は閑叟公と何らかの知己であったことと、藩窯の存在と性格をよく知っていたことが伺われる。

この青磁小皿も造形、釉調のみではなかなか製作年代は判りにくいものだが、箱書によりそれを知ることが出来る。

後期の青磁作品は三点を本書にあげているが、箱書が無ければなかなか製作年代の判断は難しいものであることが判る。

口径15.5cm×高台径7.4cm×高さ3.9cm

(70) 文久三年銘箱入 色絵万年青文小皿

この小皿は文久三年（一八六三）銘のある箱に入り伝世したもので、幕末期の色絵作品を知る上での貴重作品である。

この絵文様は当時非常に人気が良かったものと思われ、文化時代頃と思われる作品から明治時代、精巧社や鍋島内庫所銘箱書品などがみられる。

明治期作品は藩窯作品とは裏側面文様が異なっている。

財団法人 栗田美術館蔵

(71) 慶応二年銘箱入 扇面植物文大皿

箱裏に慶応二年（一八六六）銘と、受領者深川寿兵衛宏景の名が書かれている。又、老候（閑叟公）より拝領の旨が記されている。

この大皿は最幕末期、慶応二年頃の作であることが判る。

なお、この大皿と同文の五寸皿が存在していることは興味深い。

深川寿兵衛宏景は有田の人であろう。

口径33.8㎝×高台径17.3㎝×高さ11.0㎝

芙蓉文中皿
口径20.7㎝×高台径10.7㎝×高さ6.0㎝

菊花文小皿
口径16.0㎝×高台径8.0㎝×高さ4.6㎝

(72) 芙蓉文中皿（右）菊花文小皿（左）

現在、市中に伝世している鍋島作品の中で、数量的に最多のものはどの作品であろうか。

確実に調査することは困難だが、私は感覚的には五寸皿では「菊花文小皿」、中皿では「芙蓉文中皿」ではないかと感じている。膨大な数が伝世している。

又、各地の遺跡出土品をみても相当量の出土が報告されている。

菊花文小皿には慶応銘箱入品が知られている。

両者共、江戸後期から藩窯終焉の明治四年まで製作された作品であろうと思われる。

上：芙蓉文中皿 裏文様
下：菊花文小皿 裏文様

論　考

向柳原町遺跡と東大遺跡の出土陶片により、寛文後半期から延宝前半期作品と、延宝後半期作品、及び十八世紀初期と考えられる作品類がほぼ明らかとなり、従来不鮮明であった時代の作品類の一端が明確となってきた。又、元文時代以降、後期作品についてはこれまで幾つかの点は明らかとなっているので、寛文後半期から幕末までの作品について、ごく大まかではあるが通観してみたい。

〔1〕寛文後半期〜延宝前半期作品（一六六七〜七七）

向柳原町遺跡出土品と皿裏側面同文伝世品類、即ち「七宝無結び紐文」をもつ作品類は古鍋島から盛期様式品への移行期の作品と考えられる。これには遺跡出土資料に基づく考察の他に伝世品による判断要素がある。

伝世作品で、表文様は同一で裏側面文様が「七宝無結び紐文」のものと、古鍋島独得の文様作品が存在している。前掲(4)青磁染付三壷文小皿、(5)銹釉青磁染付桜慢幕文小皿、(7)青磁染付松竹梅文三稜形小皿、(9)七宝地銹釉梅枝花文三稜形小皿などである。

これらの作品類は両文様品が平行して同時期に製作されたものか、或いは年代的に多少開きがあるものか、明確には判りにくいが、前後するとしてもそれ程大きな差はあるまいと思われる。

この作品類は盛期鍋島の様式を示しながらも一面には古鍋島の名残りを留めている。

盛期作品の華麗さと共に力強い作風が特徴である。

裏側面同文伝世品は本書に二十六点を掲げているが、このうち墨弾き技法を用いていると思われるものが十一点、又、変形皿も十一点であり、共に四割強を占めている。当時は手数のかかる技法作品に挑戦していることが判る。

〔2〕延宝後半期作品（一六七七〜八一）

東大遺跡天和二年被災品はその伝世期間を常識的に考えるわけにはいかない。被災であり伝世期間は短かった可能性が高い。仮にその期間を三年程度と仮定すると、製作年代は延宝七年（一六七九）頃となる。

一方、この出土陶片、及び類似伝世品と向柳原町遺跡出土品、及びその同類作品類と対比してみると、これよりかなり遅れる作であることは明らかと思われる。この作品類は延宝中〜後半期作とみて殆ど誤差はあるまいと考えられる。

出土陶片、及び同類伝世品向付の文様には大きな特徴がある。先項で記している「ミトン形側葉唐草文」が描き込まれていることである。

同文様をもつ作品類を見ると、いずれも鍋島最盛期の優品揃いである。

これらは東大遺跡、天和二年被災品類と同年代、即ち、延宝中～後半時代の作で、この時代が鍋島最盛期であったと考えられる。

〔3〕延宝時代通観（一六七三～八一）

皿裏側面に「七宝無結び紐文」をもつ優品類が寛文後年に続き延宝時代初期には作られており、これらは一部古鍋島作風を残しながらも、美しい盛期鍋島の作ぶりを示している。

次に、天和二年被災の東大遺跡出土品、これとほぼ一致する伝世品、及びミトン形側葉唐花文をもつ延宝中～後期作品類は実に華麗で完璧な鍋島最盛期の作風品である。

これらからみて、鍋島最盛期は延宝時代であることは明確である。

このことは柿右衛門様式品の進展状況とも一致している。

柿右衛門様式品は周知の通り、寛文時代に萌芽期を迎え、延宝時代には「延宝年製」銘の名作品を始め多数の優品類を製作している。

鍋島優品類の製作年代もこれと全く平行している。

結論は至って常識的な帰結になるが、鍋島最盛期は柿右衛門様式品のそれと共通していると云うことである。

従来、これを物証的に証明する資料が見出されていなかったが、今回、向柳原町遺跡と東大遺跡出土品により立証されることとなった。

意義深い遺跡出土品類であった。

〔4〕宝永元年～元文三年作品（一七〇四～三八）

東大遺跡の一部、加賀大聖寺藩江戸屋敷跡の享保十五年、又は元文三年被災の出土陶片が判り、これと一致する伝世色絵向付作品が見出された。

その類品や、従来、享保銘箱入品として知られてきた色絵松竹梅文中皿とも併せて観察すると、おおよそながら十八世紀初期頃の鍋島作風が判明してくる。

これらの作品類と、延宝時代の作品類を対比してみると、絵文様の力強さ、華麗さなどにおいてはこれに及ばず、やや陰りが感じられる。

鍋島作風も他の伊万里全般と共通し、十八世紀に入ると退行期に入っていることは明らかである。

〔5〕後期作品類

元文時代（一七三六〜）以降を後期作品と考え、いろいろ作品を検索し、前著「鍋島・後期の作風を観る」と同IIに掲載している。

本著掲載品類はその後、調査期間が短く、大部分が前著と重複しており心苦しい限りであるが御容赦をお願いしたい。後期の作品につき多少共参考になる点があれば幸いである。

以前は後期作品はなかなか判り難かったが近年はいろいろ新しい資料類が見出されてきている。後期は商人層への流通がかなりの量に及んでおり。その中には箱書をしたものがいろいろ見られる。

この種の伝世品は根気よく検索していけば、まだいろいろ発見出来ると思われる。これには出来るだけ多くの鍋島愛好家と、専門業者の方々の関心と注目が必要である。ぜひ多数の方々の参画を望みたい。

〔6〕先学の報告

一九九五年五月、関 和男氏が「鍋島小皿—藍鍋島小皿とその周辺」（古伊万里刊行会）を上梓された。

本書の中で、関氏は「七宝無結び紐文」をもつ作品類について詳記されている。

関氏はこの一群を「結び目の無い紐文」と表現し、次のように書かれている。

「この作品群は大川内藩窯作品である。この裏文様は七宝文の一つであり、七宝結び文の前駆をなした文様と考察出来る。この小皿類は初期から盛期への移行期に存在した作品群の一つである。

その成立年代は一六七〇年代前後と考察出来る」とされている。

さて、関氏はこの作品類を古鍋島から盛期作品への移行期付近の作とみて、一六七〇年代（寛文十年〜延宝七年）頃の作とされている。

多数の諸種資料類に基づき考察されている貴重論考である。

私が向柳原町遺跡出土品、及び同類伝世品、更には天和二年被災の東大遺跡出土品類を参考にして考察した編年と全く一致している。

客観資料が殆ど見出せない中で、関氏がこれ程にも正確な編年を十年以上前に行っておられることに驚胆し、改めて敬服している。

なお、関氏が同書中に掲載されている藩窯跡出土陶片七点は関係管理部門所蔵品の中から選別、掲載されたもので同氏の大きな努力によっているものである。又、貴重な伝世品類も多数掲載されている。

この中で七点の出土陶片と、数点の伝世品写真を本著に転載させて戴いており、私は労せずして成果を戴いたことに恐縮している。

関氏の大きな努力と成果に改めて敬意と謝意を申しあげたい。


今泉元佑氏は「七宝無結び紐文」作品類については古鍋島、又はこれに引つづく古作品と主張されていた。

昭和五十七年三月、創樹社刊「楽しい絵皿」には同氏蔵の「色絵牡丹桜花散らし文中皿」が表紙を飾っている。本著(11)にあげている中皿である。

今泉氏は、このグループ作品類は古作であることを諸書で力説されている。又、当時私は山下朔郎氏と御私宅に伺い、三人で話をする機会が多く、深夜に及ぶことも少なくなかったが、今泉氏はこのタイプの鍋島作品につき、世上で年代的に下ると見る人が多く、古作と云ってもなかなか納得されにくいと残念がっておられたことを鮮明に記憶している。

長期間に亘り、大量の鍋島作品に触れ、研究されてきた同氏ならではの見識であったと思い、現在でも深く感じ入っている。

関氏、今泉氏の他にもこのグループ作品を古作品として評価されていた方は有ったのかもしれないが私はお二人のみしか知らない。優れた鍋島研究家であった。

参考文献・注

(1)「台東区向柳原町遺跡」
—東京都台東地区単位制高等学校の改築及び大規模改修工事に伴う調査—
二〇〇五年七月　東京都埋蔵文化財センター

(2)「東京大学本郷構内の遺跡　医学部付属病院地点
—天和二年　元禄十六年の火災に伴う資料」成瀬晃司

(3)「第六回九州近世陶磁学会資料」「第九回九州近世陶磁学会資料」九州近世陶磁学会

(4)「鍋島小皿」古伊万里刊行会　関 和男　一九九五年五月

(5)「鍋島II 後期の作風を観る」㈱創樹社美術出版　小木一良　平成十六年十一月

注1　参考文献(1)と同

注2　参考文献(2)と同

注3　「鍋島藩御用陶器の献上・贈与について」前山 博　一九九二年

注4　参考文献(5)と同

注5　「港区宇和島藩伊達屋敷跡遺跡」東京都埋蔵文化財センター　二〇〇三年三月

注6　参考文献(5)と同

あとがき

鍋島盛期作品で製作年代を特定出来るものはなかなか見出せず、近年は客観的資料を伴う編年は無理だと半ば諦めていた。

こうした中で、平成十七年は天与の恵みとも云うべき幸運に恵まれた。

縁があって旧平戸藩松浦氏江戸屋敷「向柳原町遺跡」発掘調査中の鍋島出土品を拝見することが出来た。

担当の方は、「この作品の廃棄年代と、従来の鍋島書の編年とはかなりの開きがある」と一寸困惑気味の様子が伺われた。

次第に内容が判るにつれ、私は驚喜する思いとなった。これこそ客観性の高い編年の出来る貴重資料となるものと思ったからである。

その直後、東大埋文調査室を訪れ、天和二年被災の鍋島陶片を拝見させていただいた。この中に、未だ拝見していなかった染付小陶片三点があった。最近見出されたものとのことであった。

その中の一点は向付体部中央部で、七宝文をつなぎ、その上に唐花文を描いている構図と思われるものであった。一瞬、これは同類伝世品があるのではないか、との期待が頭をよぎった。

メモ写真を撮らせていただき、数名の専門業者の方に伝世品探しを依頼した。幸運にも数日後に発見され入手することが出来た。

向柳原町遺跡出土品は裏側面文様が「七宝無結び紐文」であり、東大遺跡出土品は構図中に「ミトン形側葉唐花文」を含む絵文様作品と考えられた。

両者共、強い特徴を持っている絵文様作品である。

以後、同文伝世品探しに熱中した。幸い、前者は二十六点、後者は十三点の作品を見出し、他に参考資料となる作品類と、藩窯跡出土陶片類などいろいろ見出し本書に掲載することが出来た。存在は判りながら本書に掲載出来ない作品類も幾つかは残しているが、かなりの数は収載出来たと思っている。

これらの器物をまとめ著書とするにはやや尚早かとの思いもあったが、反面、これにより新発見品が拡がり、鍋島盛期作品の編年にも大きく役立つとの期待が膨らみ上梓することとした。

内容の主要部分は向柳原町遺跡と東大天和二年被災遺跡出土品に基づく考察であり、極力主観的判断に陥らぬよう注意したつもりである。大きな誤差はあるまいとは思っているが、是非多くの方々の御考察をお願いしたい。

多少共経験してみると判ることだが、向柳原町、東大天和二年被災の両遺跡出土品のような貴重資料は十年に一つ、と云うより何十年かに一つしか見出せない貴重資料と私は思っている。是非、多数の方々にこの資料の御活用をお願いしたい。

平成十七年、思いもかけずこの二遺跡出土の鍋島作品資料との出会いは私にとり、文字通り天の恵みであった。生涯の喜びと感じている。

多くの方々に御考察をいただき、これが正確な盛期鍋島作品編年の端緒となることを願っている。

謝　辞

○東京大学埋蔵文化財調査室　成瀬晃司・堀内秀樹両氏には遺構と発掘陶片資料につき詳細に御教示をいただきました。厚くお礼申し上げます。

○次の諸機関及び諸氏に貴重な資料の御提供をいただきました。厚くお礼申し上げます。（以下敬称略させていただきます）

東京都埋蔵文化財センター、東京大学埋蔵文化財調査室、新宿区歴史博物館
財団法人 栗田美術館、財団法人 戸栗美術館、財団法人 今右衛門古陶磁美術館
財団法人 林原美術館、静嘉堂文庫美術館
有田ポーセリンパーク、中央公論新社、朝日新聞社

関 和男、小貫 達、服部 俊一、今泉 吉博、木部 英弘、鍋島 英視、
京田 泰子、中村 公法、鹿野 則彦、大谷 一彦、かわ瀬、松下 イツ

○写真撮影　森　仁、装訂　岩黒 永興
編集　野口 輝寿、牧瀬 朋美

著者略歴

小《お》木《ぎ》一《いち》良《ろう》（本名 小橋一朗）

昭和６年　熊本県に生まれる
昭和28年　熊本大学薬学部卒業
平成元年　東京田辺製薬㈱ 常務取締役を退任
平成５年　東京田辺商事㈱ 代表取締役社長を退任

（陶磁器関係）
昭和48年頃より山下朔郎氏と親交をもち、いろいろ共同研究を始める
昭和56年頃より河島達郎氏の古九谷放射化分析に協力、資料提供

主　　著　『伊万里の変遷』㈱創樹社美術出版
『初期伊万里から古九谷様式』（同）
『古九谷の実証的見方』河島達郎共著（同）
『初期伊万里の陶片鑑賞』泉 満共著（同）
『新集成伊万里』㈱里文出版
『志田窯の染付皿』青木克巳他共著（同）
『伊万里誕生と展開』村上伸之共著 ㈱創樹社美術出版
『鍋島・後期の作風を観る』（同）
『鍋島Ⅱ・後期の作風を観る』（同）

現 住 所　埼玉県越谷市大沢1296-12番地

製作年代を考察出来る鍋島
— 盛期から終焉まで —

平成十八年四月二十四日

著　者　小木一良

発行者　伊藤 泰士
発行所　株式会社創樹社美術出版
東京都文京区湯島二丁目五番六号
郵便番号　一一三―〇〇三四
電　話　〇三―三八一六―三三三一
振　替　東京〇〇一三〇―六―一九六八七四

印刷・製本　山口印刷株式会社
佐賀県伊万里市二里町大里乙三六一七―五